Sandra und Sabine Arriens

# Window-Color
## Farbenfrohe Mobiles

ENGLISCH VERLAG

Die Deutsche Bibliothek – CIP-Einheitsaufnahme
**Window-Color** – farbenfrohe Mobiles / Sandra und Sabine Arriens. – Wiesbaden: Englisch, 2000
ISBN 3-8241-0973-5

© by Englisch Verlag GmbH, Wiesbaden 2000
ISBN 3-8241-0973-5
Alle Rechte vorbehalten. Nachdruck, auch auszugsweise, verboten.
Fotos: Frank Schuppelius
Herstellung: Michael Feuerer
Printed in Spain

Das Werk und seine Vorlagen sind urheberrechtlich geschützt, jede Verwertung oder gewerbliche Nutzung der Vorlagen und Abbildungen ist verboten und nur mit ausdrücklicher Genehmigung des Verlages gestattet. Dies gilt insbesondere für die Nutzung, Vervielfältigung und Speicherung in elektronischen Systemen und auf CDs. Es ist deshalb nicht erlaubt, Abbildungen und Bildvorlagen dieses Buches zu scannen, in elektronischen Systemen oder auf CDs zu speichern oder innerhalb dieser zu manipulieren.

Die Ratschläge in diesem Buch sind von den Autorinnen und dem Verlag sorgfältig erwogen und geprüft, dennoch kann eine Garantie nicht übernommen werden. Eine Haftung der Autorinnen bzw. des Verlages und seiner Beauftragten für Personen-, Sach- und Vermögensschäden ist ausgeschlossen.

# Inhaltsverzeichnis

**Vorwort** . . . . . . . . . . . . . . . . . . 5

**Material und Werkzeug** . . . . . . . . 6

**Grundanleitung** . . . . . . . . . . . . . 6

**Farbenfrohe Mobiles** . . . . . . . . . . 8
    Vogelhochzeit . . . . . . . . . . . . . . 8
    Bienenflug . . . . . . . . . . . . . . . . 9
    Ostern . . . . . . . . . . . . . . . . . 10
    Meereswelt . . . . . . . . . . . . . . 11
    Kaffeezeit . . . . . . . . . . . . . . . 12
    Mäusejagd . . . . . . . . . . . . . . 13
    Luftballons . . . . . . . . . . . . . . 14
    Spielzeug . . . . . . . . . . . . . . . 15
    Zugfahrt . . . . . . . . . . . . . . . . 16
    Zwergenparade . . . . . . . . . . . 18
    Drachen . . . . . . . . . . . . . . . . 20
    Geisterstunde . . . . . . . . . . . . 21
    Zirkusluft . . . . . . . . . . . . . . . 22
    Tausend und eine Nacht . . . . . 24
    Sonne, Mond und Sterne . . . . . 25
    Igel und Maulwurf . . . . . . . . . 26
    Kinder vom Mond . . . . . . . . . 28
    Herbstzeit . . . . . . . . . . . . . . 29
    Nikolausstiefel . . . . . . . . . . . 30
    Weihnachten . . . . . . . . . . . . 31

# Vorwort

Wer einmal mit Window-Color-Farben gemalt hat, weiß, wie wunderschön leuchtend und transparent die Bilder an Fenstern, Gläsern oder Spiegeln aussehen. Dabei sind Window-Color-Farben ganz einfach zu handhaben.

Wir haben unsere Mobiles auf Windradfolie gemalt. Von dieser Folie lassen sich die gemalten Figuren nicht wieder ablösen. Durch die Leichtigkeit der Folie sind die Mobiles ständig in Bewegung. Die Mobiles sind dabei ein Blickfang, der nicht nur durch die Bewegung, sondern auch durch die Leuchtkraft der Farben ganz besonders reizvoll ist.

Wir haben sehr vielfältige Motive gewählt, um kleine Geschichten zu erzählen, die Sie durch das ganze Jahr begleiten können.

Viel Freude am Gestalten von Mobiles mit Window-Color wünschen Ihnen

*Sandra und Sabine Arriens*

# Material und Werkzeug

Für die in diesem Buch vorgestellten Mobiles benötigen Sie folgendes Material und Werkzeug:

- Window-Color in verschiedenen Farben
- Konturenfarbe in Schwarz
- Windradfolie, Ø 0,4 oder 0,5 mm
- feine Malspitze zum Aufschrauben auf die Flaschen
- Transparentpapier
- weißes Papier, DIN A4
- Klebestreifen
- Schaschlikspieße aus Holz
- Silhouetten- oder Nagelschere
- Perlengarn in Weiß und Schwarz
- lange dünne Stopfnadel
- Mobile-Holzstangen (Fertigset mit Holzoliven)
- Mobile-Metallstangen (Fertigset)
- Holzperlen (Ø 6 mm) und Silberperlen (Ø 4 mm)
- kleine Perlen in Silber
- Klebstoff oder Heißklebepistole
- Bleistift

# Grundanleitung

**Malvorlage**

Suchen Sie sich auf dem Vorlagebogen die Motive des gewünschten Mobiles heraus. Legen Sie Transparentpapier darüber, und pausen Sie die Motive mit Bleistift ab. Damit Ihre abgepauste Zeichnung besser sichtbar wird, legen Sie ein weißes Blatt Papier darunter und fixieren beides mit Hilfe von Klebestreifen unter der Windradfolie. Nun können Sie die Window-Color-Malerei beginnen.

**Farbauftrag**

Setzen Sie die Malspitze auf die Konturenmittelflasche, und ziehen Sie mit der Konturenfarbe alle Linien der Vorlage nach. Führen Sie die Flasche in einem Abstand von etwa 1 cm über der Folie, und halten Sie sie dabei senkrecht. Üben Sie leichten Druck auf die Flasche aus, sodass das Konturenmittel wie ein flüssiger Faden heraustritt. Nach Beendigung der Konturen lassen Sie die Farbe trocknen. Beachten Sie dabei die Angaben des Herstellers.

Nun können Sie mit dem Ausmalen der Flächen beginnen. Die Farbflaschen dürfen vor dem Gebrauch nicht geschüttelt werden, damit keine Luftbläschen entstehen. Die Farbe wird direkt mit der Flasche aufgetragen und muss genau bis an die Konturlinien gestrichen werden. Zu diesem Zweck können Sie gerade für kleinere Flächen Schaschlikspieße verwenden. Die Trockenzeit der Malfarben ist wie beim Konturenmittel vom Hersteller abhängig. Beachten Sie also immer die Herstellerangaben.

## Ausschneiden der Motive
Sind die Motive gut durchgetrocknet, werden sie mit einer Silhouetten- oder Nagelschere entlang der Kontur aus der Windradfolie ausgeschnitten. Dabei hinterlässt man häufig Fingerabdrücke auf den gemalten Figuren. Diese verschwinden in der Regel nach einiger Zeit, da sich die Oberfläche durch die Elastizität der Farbe wieder glatt zieht.

## Befestigung der Mobileteile
Bohren Sie mit einer langen Stopfnadel in jede Figur ein Loch, um den Faden zur Aufhängung durchzuziehen und zu verknoten. Die Fadenlänge richtet sich nach der Position, in der die jeweilige Figur schließlich am Mobile hängen soll. Figuren, die an den äußeren Mobilestangen befestigt werden, benötigen einen kürzeren Faden als Figuren, die in der Mitte der Stäbe aufgehängt werden. Es ist ratsam, die Fäden etwas länger zu lassen und später auf die gewünschte Länge zu kürzen.
Um die Figuren an den Stangen zu befestigen, ziehen Sie zuerst den Faden durch die Holzolive. Richten Sie dann die Fadenlänge aus, und verknoten Sie den Faden. Bei den Holzoliven, die sich im mittleren Teil einer Stange befinden, schneiden Sie den Faden nicht ab. Er dient als Verbindung für die nächste Mobilestange und bei der obersten Mobilestange als Aufhängung.

## Ausrichten des Mobiles
Anhand der Abbildungen erkennen Sie, wie die einzelnen Motivteile für das entsprechende Mobile angeordnet sind.

Natürlich können Sie auch eine andere Anordnung vornehmen. Ist das Mobile vollständig zusammengefügt, muss es ausbalanciert werden, damit es gerade hängt und sich die einzelnen Teile frei bewegen können.

Das Ausbalancieren geschieht mit den mittleren Holzoliven. Indem Sie sie verschieben, loten Sie das Gewicht aus. Haben Sie etwas Geduld, da es sich manchmal nur um Millimeter handelt. Wir haben bei unseren Mobiles zusätzlich eine Holzperle auf den angeknoteten Faden gesetzt. Das muss nicht unbedingt sein, sieht aber schöner aus, da die Holzperle den Knoten verdeckt.

# Farbenfrohe Mobiles

## 1. Vogelhochzeit

**Material**
- Konturenfarbe in Schwarz
- Window-Color in Schwarz, Weiß, Rot, Hell- und Dunkelgelb, Blau, Hell- und Dunkelgrün, Bordeaux, Lila, Perlmutt, Kristallklar sowie Hell-, Mittel- und Dunkelbraun
- Windradfolie
- Set Holzmobilestangen
- 7 Holzperlen, Ø 6 mm
- Perlengarn in Weiß

**Anleitung**
Ziehen Sie die Konturen der Vögel mit Konturenfarbe auf Windradfolie nach. Ist die Farbe getrocknet, füllen Sie die Innenflächen mit Window-Color aus. Leerräume innerhalb eines Bildes, wie zum Beispiel beim Brautpaar und dem Singvogel, füllen Sie mit Kristallklar aus. Sind die Window-Color-Farben getrocknet, schneiden Sie die Motive aus. Nun können die Vögel gemäß der Grundanleitung an Mobilestangen befestigt werden.

## 2. Bienenflug

### Material
- Konturenfarbe in Schwarz
- Window-Color in Hell- und Dunkelgelb, Elfenbein, Hautfarben, Schwarz, Rot, Grün, Lila, Blau, Violett, Kristallklar, Hell-, Mittel- und Dunkelbraun
- Windradfolie
- Set Holzmobilestangen
- 7 Holzperlen, Ø 6 mm
- Perlengarn in Schwarz

### Anleitung
Auf Windradfolie werden die Konturen der Bienen und des Bienenkorbes mit Konturenfarbe nachgezogen. Wenn die Farbe getrocknet ist, füllen Sie die Innenflächen der Motive mit Window-Color in den entsprechenden Farben aus. Lassen Sie die Farben gut trocknen, bevor Sie Bienen und Korb ausschneiden. Anschließend befestigen Sie die Teile laut Grundanleitung an Mobilestangen.

## 3. Ostern

### Material
◆ Konturenfarbe in Schwarz
◆ Window-Color in Weiß, Rosa, Schwarz, Hell- und Dunkelgrün, Kristallklar, Rot, Hell- und Dunkelgelb, Perlmutt, Blau, Lila, Hell- und Dunkelbraun
◆ Windradfolie
◆ Set Holzmobilestangen
◆ 2 Holzperlen, Ø 6 mm und 1 Holzolive
◆ Perlengarn in Schwarz

### Anleitung
Dieses Mobile besteht nur aus fünf Motiven. Es kann aber beliebig durch weitere Eimer und Hasen erweitert werden. Die Eimer unterscheiden sich lediglich durch ihre Farbgebung. Ziehen Sie die Konturen der Motive mit Konturenfarbe auf Windradfolie nach. Lassen Sie die Farbe trocknen, und füllen Sie die Innenflächen der Motive mit Window-Color aus. Zwischen den Schnurrbarthaaren der Hasen tragen Sie Kristallklar auf. Nachdem die Farben getrocknet sind, schneiden Sie die Motive aus. Entnehmen Sie der Grundanleitung, wie die Teile an den Mobilestangen befestigt werden.

## 4. Meereswelt

**Material**
- Konturenfarbe in Schwarz
- Window-Color in Orange, Schwarz, Weiß, Elfenbein, Kristallklar, Blau, Rot, Violett, Lila, Hell-, Mittel- und Dunkelbraun sowie Glitzergold
- Windradfolie
- Set Holzmobilestangen
- 5 Holzperlen, Ø 6 mm
- Perlengarn in Schwarz

**Anleitung**

Ziehen Sie die Konturen der Motive mit Konturenfarbe auf Windradfolie nach.

Ist die Farbe getrocknet, füllen Sie die Innenflächen der Figuren mit Window-Color aus.

Die Flosse des Seepferdchens wird mit Glitzergold ausgemalt, dadurch bekommt sie eine zarte Transparenz. Die Hohlräume der einzelnen Motive füllen Sie mit Kristallklar aus. Lassen Sie die Window-Color-Farben gut trocknen.

Anschließend können Sie die Teile, wie in der Grundanleitung beschrieben, an Mobilestangen befestigen.

# 5. Kaffeezeit

**Material**
- Konturenfarbe in Schwarz
- Window-Color in Blau, Weiß, Perlmutt und Kristallklar
- Windradfolie
- Set Holzmobilestangen
- 7 Holzperlen, Ø 6 mm
- Perlengarn in Schwarz

**Anleitung**
Die Konturen der Motive ziehen Sie mit Konturenfarbe auf Windradfolie nach. Wenn die Farbe getrocknet ist, malen Sie die Innenflächen mit Window-Color aus. Die Punkte des Geschirrs werden mit Perlmutt gemalt, die Zwischenräume an den Henkeln füllen Sie mit Kristallklar aus. Nachdem die Window-Color-Farben getrocknet sind, können Sie die Motive ausschneiden und gemäß der Grundanleitung an Mobilestangen befestigen.

# 6. Mäusejagd

**Material**
- Konturenfarbe in Schwarz
- Window-Color in Rosa, Weiß, Hell- und Dunkelgelb, Blau, Kristallklar, Hell- und Dunkelbraun
- Windradfolie
- Set Holzmobilestangen
- 9 Holzperlen, Ø 6 mm
- Perlengarn in Schwarz

**Anleitung**

Die Konturen werden mit Konturenfarbe auf Windradfolie nachgezogen. Die Maus, die ihren Schwanz in der Hand hält, fertigen Sie zweimal an. Nachdem die Konturenfarbe getrocknet ist, gestalten Sie die Innenflächen farbig. Größere Zwischenräume füllen Sie mit Kristallklar aus. Lassen Sie die Window-Color-Farben trocknen, bevor Sie die Motive ausschneiden und, wie in der Grundanleitung beschrieben, an Mobilestangen fixieren.

## 7. Luftballons

**Material**
- Konturenfarbe in Schwarz
- Window-Color in Rot, Schwarz, Weiß, Hell- und Dunkelgelb, Lila, Violett, Rosa, Hell-, Mittel- und Dunkelblau
- Windradfolie
- Set Holzmobilestangen
- 6 Holzperlen, Ø 6 mm
- Perlengarn in Weiß
- Klebstoff oder Heißklebepistole

**Anleitung**

Malen Sie die Konturen der Motive mit Konturenfarbe auf Windradfolie nach. Anschließend lassen Sie die Farbe trocknen und füllen dann die Innenflächen der Motive farbig aus. Sind auch diese Farben getrocknet, schneiden Sie die Motive aus. Befestigen Sie sie gemäß der Grundanleitung an Mobilestangen. Der Ballontraube kleben Sie zusätzlich Fäden an. Am leichtesten gelingt dies, indem Sie ein Bündel Fäden zuschneiden, es in der Mitte zusammenbinden und dann die Fäden mit einer Heißklebepistole oder Klebstoff an den Ballons fixieren.

# 8. Spielzeug

**Material**
- Konturenfarbe in Schwarz
- Window-Color in Weiß, Schwarz, Gelb, Rot, Grau, Lila, Violett, Rosa, Pink, Türkis, Hell- und Dunkelblau, Hautfarben, Orange, Grün, Kristallklar, Hell- und Dunkelbraun
- Windradfolie
- Set Holzmobilestangen
- 7 Holzperlen in Rot, Ø 6 mm
- Perlengarn in Schwarz

**Anleitung**
Die Konturen der Motive werden mit Konturenfarbe auf Windradfolie nachgezogen. Lassen Sie die Farbe trocknen. Anschließend werden die Innenflächen mit Window-Color ausgemalt. Die roten Bäckchen des Hampelmannes malen Sie zuerst. Lassen Sie die Farbe etwas antrocknen, bevor Sie das restliche Gesicht hautfarben ausmalen. Die freien Flächen beim Zugband des Hampelmannes und beim Dreirad werden mit Kristallklar ausgefüllt. Wenn die Window-Color-Farben getrocknet sind, schneiden Sie die Motive aus. Für die Befestigung der Teile an den Mobilestangen orientieren Sie sich an der Grundanleitung.

# 9. Zugfahrt

**Material**
- Konturenfarbe in Schwarz
- Window-Color in Rot, Violett, Lila, Grün, Olivgrün, Orange, Türkis, Hautfarben, Weiß, Kristallklar, Pink, Hell- und Dunkelbraun
- Windradfolie
- Set Holzmobilestangen
- 7 Holzperlen, Ø 6 mm
- Perlengarn in Schwarz

**Anleitung**

Zeichnen Sie die Konturen der Motive mit Konturenfarbe auf Windradfolie nach. Wenn die Farbe getrocknet ist, malen Sie die Innenflächen der Motive mit Window-Color aus. Dabei malen Sie die Bäckchen der Waggons und der Lokomotive zuerst (mischen Sie dafür Orange und Hautfarben), um die Farbe ein wenig antrocknen zu lassen, bevor Sie die Gesichter völlig ausmalen. Den Waggon arbeiten Sie viermal, wobei Sie die Farbgebung und die Gesichter ändern. Die Fenster und die Fläche zwischen Dampfwolke und Lokomotive malen Sie mit Kristallklar aus. Nachdem die Window-Color-Farben getrocknet sind, schneiden Sie die Teile aus und befestigen Sie sie, wie in der Grundanleitung beschrieben, an Mobilestangen.

# 10. Zwergenparade

**Material**
- ✦ Konturenfarbe in Schwarz
- ✦ Window-Color in Rot, Weiß, Hell- und Dunkelgelb, Olivgrün, Türkis, Grau, Grün, Pink, Lila, Violett, Elfenbein, Braun, Orange, Mittel- und Dunkelblau
- ✦ Windradfolie
- ✦ Set Holzmobilestangen
- ✦ 6 Holzperlen, Ø 6 mm
- ✦ Perlengarn in Schwarz

**Anleitung**
Zuerst werden die Konturen der Motive mit Konturenfarbe auf Windradfolie nachgezogen. Dann lassen Sie die Farbe trocknen und füllen anschließend die Innenflächen der Motive mit Window-Color aus.
Durch Mischen von Orange und Hautfarben erzeugen Sie den Farbton für die Bäckchen der Schildkröte.
Lassen Sie die Bäckchen etwas antrocknen, bevor Sie das übrige Gesicht ausmalen. Haben Sie alle Innenflächen ausgefüllt, lassen Sie die Farben trocknen.
Danach schneiden Sie die Motive aus. Fixieren Sie sie gemäß der Grundanleitung an Mobilestangen.

# 11. Drachen

**Material**
- ◆ Konturenfarbe in Schwarz
- ◆ Window-Color in Hautfarben, Orange, Olivgrün, Lila, Kristallklar und Blau
- ◆ Windradfolie
- ◆ Set Holzmobilestangen
- ◆ 4 Holzperlen, Ø 6 mm
- ◆ Perlengarn in Schwarz

**Anleitung**

Ziehen Sie die Konturen der Motive mit Konturenfarbe auf Windradfolie nach. Die Konturenfarbe muss trocknen, bevor Sie die Innenflächen der Motive mit Window-Color gestalten können. Für die Bäckchen der Drachen mischen Sie Orange mit Hautfarben. Damit die Gesichtsfarben nicht ineinander fließen, lassen Sie die Bäckchen erst ein wenig antrocknen, bevor Sie weitermalen. Mit Kristallklar füllen Sie den Zwischenraum des schlafenden Drachens aus. Die Window-Color-Farben müssen gut durchtrocknen, bevor Sie die Motive ausschneiden und, wie in der Grundanleitung beschrieben, an Mobilestangen aufhängen können.

## 12. Geisterstunde

### Material
- ◆ Konturenfarbe in Schwarz
- ◆ Window-Color in Schwarz, Weiß, Hell- und Dunkelgelb, Kristallklar, Hell- und Dunkelbraun
- ◆ Windradfolie
- ◆ Set Holzmobilestangen
- ◆ 7 Holzperlen, Ø 6 mm
- ◆ Perlengarn in Weiß

### Anleitung
Das Mobile hat sieben Geister. Wer mag, kann auch ein paar mehr malen.

Zeichnen Sie die Konturen der Motive mit Konturenfarbe auf Windradfolie nach. Auch die Augen der Geister werden mit Konturenfarbe gemalt. Nachdem die Farbe trocken ist, füllen Sie die Innenflächen der Motive mit Window-Color aus. Für die Geister werden die hellen Augenpartien mit Kristallklar ausgemalt. Lassen Sie die Window-Color-Farben gut trocknen.
Anschließend können Sie die Motive ausschneiden und an Mobilestangen gemäß der Grundanleitung befestigen.

# 13. Zirkusluft

## Material
- Konturenfarbe in Schwarz
- Window-Color in Rot, Orange, Hautfarben, Weiß, Violett, Lila, Hell- und Dunkelgelb, Türkis, Schwarz, Rosa, Elfenbein, Hell- und Dunkelgrün, Kristallklar, Mittel- und Dunkelblau sowie Glitzersilber und Glitzerkupfer
- Windradfolie
- Set Holzmobilestangen
- 5 Holzperlen, Ø 6 mm
- Perlengarn in Schwarz

## Anleitung
Die Konturen der Motive werden mit Konturenfarbe auf Windradfolie nachgezogen. Lassen Sie die Farbe trocknen, und gestalten Sie dann die Innenflächen mit Window-Color. Die Seifenblasen, die der Clown zaubert, sind mit silberner Glitzerfarbe gemalt, damit sie sich vom klaren Hintergrund besser abheben. Sind alle Flächen ausgefüllt, lassen Sie die Farben trocknen. Anschließend werden die Motive ausgeschnitten und an den Mobilestangen befestigt. Die nähere Beschreibung für die Aufhängung entnehmen Sie bitte der Grundanleitung.

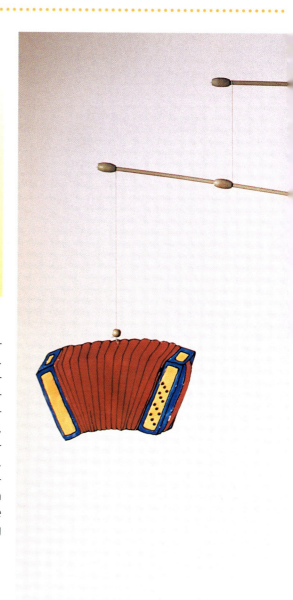

# 14. Tausend und eine Nacht

**Material**
- Konturenfarbe in Schwarz
- Window-Color in Rot, Perlmutt, Elfenbein, Hell- und Dunkelgelb, Schwarz, Weiß, Orange, Braun, Hell- und Mittelblau sowie Glitzerkupfer
- Windradfolie
- Set Holzmobilestangen
- 7 Holzperlen, Ø 6 mm
- Perlengarn in Weiß

**Anleitung**

Nachdem Sie die Konturen der Motive mit Konturenfarbe auf Windradfolie nachgezogen haben, lassen Sie die Farbe trocknen. Malen Sie nun die Innenflächen mit Window-Color in den entsprechenden Farben aus. Die Bäckchen des Flaschengeistes malen Sie zuerst. Mischen Sie dafür etwas Orange mit Elfenbein. Lassen Sie die Bäckchen etwas antrocknen, und malen Sie dann das übrige Gesicht aus. Sind alle Farbflächen ausgefüllt, müssen die Window-Color-Farben trocknen, bevor Sie die Motive ausschneiden können. Für die Aufhängung an den Mobilestangen orientieren Sie sich an der Grundanleitung.

## 15. Sonne, Mond und Sterne

### Material
- Konturenfarbe in Schwarz
- Window-Color in Hell- und Dunkelgelb, Bernstein, Hellbraun, Perlmutt, Schwarz und Kristallklar
- Windradfolie
- Set Holzmobilestangen
- 9 Holzperlen, Ø 6 mm
- Perlengarn in Schwarz

### Anleitung
Ziehen Sie die Konturen der Motive mit Konturenfarbe auf Windradfolie nach. Dann lassen Sie die Farbe trocknen. Malen Sie danach die Innenflächen der Motive aus. Der Außenrand der Sonne wird aus Hellbraun und Dunkelgelb gemischt. Für die Innenfläche der Sonne verwenden Sie nur Dunkelgelb. Die Flächen zwischen den Sonnenstrahlen füllen Sie mit Kristallklar aus. Nachdem die Farben getrocknet sind, schneiden Sie die Motive aus. Befestigen Sie sie, wie in der Grundanleitung beschrieben, an Mobilestangen.

# 16. Igel und Maulwurf

**Material**
- Konturenfarbe in Schwarz
- Window-Color in Grün, Olivgrün, Rot, Weiß, Hautfarben, Orange, Hell- und Dunkelbraun
- Windradfolie
- Set Holzmobilestangen
- 6 Holzperlen in Rot, Ø 6 mm
- Perlengarn in Schwarz

**Anleitung**
Ziehen Sie die Konturen der Motive mit Konturenfarbe auf Windradfolie nach. Lassen Sie die Konturenfarbe trocknen, bevor Sie die Innenflächen ausmalen. Für das Bäckchen des Igels mischen Sie etwas Orange mit Hautfarben. Tragen Sie diese Farbe zuerst auf, und lassen Sie sie etwas antrocknen, bevor Sie das Gesicht vollständig ausmalen. Die Färbung des Herbstlaubes erzeugen Sie durch Rot, Grün und Olivgrün. Tragen Sie die Farben zügig auf, und verziehen Sie sie in feuchtem Zustand mit einem Schaschlikspieß. Wenn alle Motive ausgemalt sind, lassen Sie die Farben trocknen. Anschließend schneiden Sie die Einzelteile aus. Befestigen Sie sie an Mobilestangen. Eine genaue Anleitung finden Sie dazu in der Grundanleitung.

# 17. Kinder vom Mond

### Material
- Konturenfarbe in Schwarz
- Window-Color in Dunkelblau sowie Nachtleuchtend
- Windradfolie
- Set Metallmobilestangen
- 9 Silberperlen, Ø 4 mm
- Perlengarn in Schwarz
- Klebstoff oder Heißklebepistole

### Anleitung
Die Konturen der Motive werden mit Konturenfarbe auf Windradfolie nachgezogen. Anschließend muss die Farbe trocknen, bevor Sie die Innenflächen mit Window-Color ausmalen können. Der Mond wird mit Nachtleuchtfarbe ausgefüllt, das gibt diesem Mobile einen besonderen Reiz. Lassen Sie die Farben gut durchtrocknen. Dann können Sie die Figuren ausschneiden und gemäß der Grundanleitung an Mobilestangen befestigen. Da für dieses Mobile glatte Stangen aus Metall gewählt wurden, sollten Sie die Fäden mit Klebstoff fixieren.

## 18. Herbstzeit

### Material
✦ Konturenfarbe in Schwarz
✦ Window-Color in Rot, Weiß, Schwarz, Hell- und Dunkelgelb, Lila, Perlmutt, Orange, Hellgrün, Elfenbein, Hell- und Dunkelbraun, Kristallklar, Mittel- und Dunkelblau
✦ Windradfolie
✦ Set Holzmobilestangen
✦ 5 Holzperlen, Ø 6 mm
✦ Perlengarn in Weiß
✦ Klebstoff oder Heißklebepistole

### Anleitung
Mit Konturenfarbe werden die Konturen der Motive auf Windradfolie nachgezogen. Die Schleifen des Drachen werden separat gemalt. Ist die Konturenfarbe getrocknet, malen Sie die Innenflächen der Motive farbig mit Window-Color aus. Auch diese Farben müssen gut durchtrocknen. Schneiden Sie dann die Motive aus. Die Schleifen werden mit Klebstoff auf einem Faden am Drachen fixiert. Auf diese Weise wirkt der Drachen nicht steif, und die Schleifen bewegen sich bei jedem Luftzug mit. Zum Schluss hängen Sie die Motive, wie in der Grundanleitung beschrieben, an den Mobilestangen auf.

# 19. Nikolausstiefel

**Material**
- Konturenfarbe in Schwarz
- Window-Color in Rot, Perlmutt, Weiß, Lila, Schwarz, Orange, Hell- und Dunkelgelb, Grün, Blau sowie Glitzergold und Glitzersilber
- irisierendes Glimmerpulver
- Windradfolie
- Set Holzmobilestangen
- 5 Holzperlen, Ø 6 mm
- Perlengarn in Weiß
- weicher Pinsel

**Anleitung**
Ziehen Sie die Konturen der Motive mit Konturenfarbe nach. Die Farbe muss gut trocknen, bevor Sie die Innenflächen der Motive farbig ausmalen können. Den schimmernden Effekt der Kerze erzeugen Sie, indem Sie in die noch feuchte Farbe des Strahlenkranzes irisierendes Glimmerpulver streuen. Dabei gelangt Glimmerpulver auch auf andere Flächen der Kerze. Es ist aus diesem Grund ratsam, den Strahlenkranz erst trocknen zu lassen, mit einem weichen Pinsel das überschüssige Pulver zu beseitigen und dann weiterzuarbeiten. Sind alle Farbflächen ausgefüllt, schneiden Sie die Motive aus, und befestigen Sie sie gemäß der Grundanleitung an Mobilestangen.

## 20. Weihnachten

### Material
✦ Konturenfarbe in Schwarz
✦ Window-Color in Weiß, Grau, Rot, Hautfarben, Schwarz, Lila, Violett, Hell- und Dunkelgrün, Hell-, Mittel- und Dunkelbraun, Hell-, Mittel- und Dunkelblau
✦ Windradfolie
✦ Set Holzmobilestangen
✦ 9 Holzperlen, Ø 6 mm
✦ Perlengarn in Weiß

### Anleitung
Dieses Mobile ist leicht nachzuarbeiten. Ziehen Sie die Konturen mit Konturenfarbe auf Windradfolie nach. Das Päckchen benötigen Sie fünfmal, die Zuckerstange zweimal.
Wenn die Konturen getrocknet sind, füllen Sie die Motive mit Window-Color farbig aus. Lassen Sie die Farben gut trocknen, bevor Sie die Motive ausschneiden und, wie in der Grundanleitung angegeben, an Mobilestangen befestigen.

ISBN 3-8241-0970-0
Broschur, 32 S., Vorlageb.

ISBN 3-8241-0996-4
Broschur, 32 S., 2 Vorlageb.

ISBN 3-8241-0852-6
Broschur, 32 S., Vorlageb.

ISBN 3-8241-0961-1
Broschur, 32 S., Vorlageb.

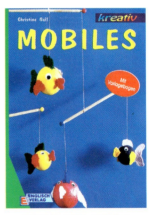

ISBN 3-8241-0722-8
Broschur, 32 S., Vorlageb.

## *Lust auf Mehr?*

Liebe Leserin, lieber Leser,
natürlich haben wir noch viele andere Bücher im Programm.
Gerne senden wir Ihnen unser Gesamtverzeichnis zu.
Auch auf Ihre Anregungen und Vorschläge sind wir gespannt.
Rufen Sie uns einfach an oder schreiben Sie uns.

Englisch Verlag GmbH
Postfach 2309 · 65013 Wiesbaden
Telefon 06 11/9 42 72-0 · Telefax 06 11/9 42 72 30
E-Mail  englisch@englisch-verlag.de
Internet  http://www.englisch-verlag.de